What is 찬송이 뭐예요?
찬송의 여왕 화니 크로스비

초판발행 2014년 09월 18일 | 글쓴이 이지영 | 그린이 이준희 | 펴낸이 이재숭, 황성연 | 펴낸곳 하늘기획
주소 서울특별시 중랑구 상봉136-1 성신빌딩 지하 | 등록번호 제306-2008-17호 (2008)
ISBN 978-89-92320-44-3 03230 | 총판 하늘물류센타
전화 031-947-7777 | 팩스 0505-365-0691

정가는 뒷표지에 있습니다. 잘못되거나 파손된 책은 구입하신 서점에서 교환하여 드립니다.

찬송의 여왕
화니 크로스비

이지영 글 / 이준희 그림

하늘기획

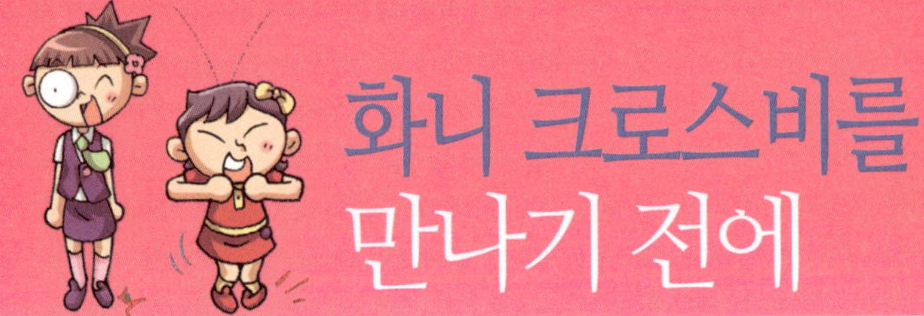

여러분은 혹시 이런 고민이나 궁금증이 있지 않나요?

◈ 나는 왜 자꾸 마음이 허전할까?
◈ 신나게 노래하고 재미있게 놀아도 왜 심심할까?
◈ 예배 시간에 부르는 찬송은 너무 재미없는데…
◈ 찬송은 누가 만든 걸까?

이런 고민이나 궁금점이 있다면 책을 제대로 고른 거예요.
찬송의 여왕 화니 크로스비는 여러분과 똑같은 고민을 하다가
하나님의 은혜로 마음 속 깊은 허전함을 치료 받은 분입니다.
크로스비가 살아 온 이야기를 읽다보면
여러분의 고민은 해결되고 기쁜 찬송이 솟아나리라 믿어요.

우리 다함께 하나님이 주시는 해답을 찾아볼까요?

전주에서 이지영

CONTENTS

What is

찬송이 뭐예요? ······· 9

1. 일반 노래와 찬송의 차이?
2. 찬송해야 할 이유?
3. 찬송할 때 무슨 일이 일어나는가?

화니 크로스비 ······· 41

1. 빛과 어두움만 보이는 소녀
2. 드디어 학교를 가게 되다
3. 새로운 빛을 만나다
4. 복음찬송가의 여왕

What is

목사님과 찬미

찬송이 뭐예요?

이지영 글 / 이준희 그림 / 이인영 컬러

빠
빠
빠
Get~
Set~Ready
~Go!
빠
빠
점핑!
점핑!

쿵야
너무 높이 뛰었낭?

쾅
아야~!!!

하하하
너는 아픈데
나는 왜 이리
웃기냐.
깔깔깔!

이것들이
정말!
니들이
친구니?
맨날 나보고
땅꼬마라고
놀리더니
꺽다리라고
좋은 것도 없네.
벌떡

웃을 수도
있지
뭘 그래.

그래~ 웃긴
내 꼴이 잘못이지.
나 간다.
핵

야! 꺽다리.
삐쳤냐?
그렇다고
치자.

야~! 내일 점심에
연습 맞추기로
한 거 잊지마.
쿵
쿵
쿵
씩
씩
아우! 정말
짜증나!

투덜
투덜

찬미야~!
어~! 목사님! 안녕하세요.
깜짝

좀 전까지 신나게 춤추더니 얼굴이 왜 그래?

아우 보셨어요?
헤…에
그럼, 이유도 아시겠네요.

머리 부딪치고 뒤로 넘어진 거? ㅋㅋㅋ
목사님~! 미워요~!
으앙~

목...사...
님...!!

미안! 미안!
대신 내가
아이스크림
쏜다..

오~ 미안..
... ...
쿡쿡쿡.
굼적

흥~!
몰라요~!
힝
그럼~!
맥도리아..
버거..세트...

꿀꺽
오~케이!
콜!!!

일반 노래와 찬송의 차이?

이제야
꺼~억.
배부르다.
목사님 콜라
리필?
통
통
으
냄새!!

난 됐다.
아까는 뭐가
그리 좋아서 춤을
췄니?
다음 주에
학교에서
우.스.스가
있거든요.
우수수??
?

낙엽이
우수수
떨어질때~

아휴~
우..스..스...!
우리 스쿨 스타 탄생!
까
닥

아~ 학교
노래자랑
이구나.

뭐~
그런 거죠.
쪼옥~

빠빠빠...
그때...
빠빠빠로 우승
먹을 겁니다!!!
나도
보고 싶구나.

목사님도 오셔요.
부모님들도
오시거든요.
끄덕
그래.
우리 찬미
금방 행복해
보이네.

즐거운
노래와 춤이
있어서죠.

주일 예배 때도
그러면 좋겠구나.

허얼~
사실 찬송은
좀 재미가
없어요.
뻘
쭘~

재미?
그렇잖아요
....
풋

비트도 약하고
율동도 너무
애들스러워요.

찬송은 재미로 하는 노래가 아니야.
?
그럼~ 일반 노래와 뭐가 다르죠?
까닥

일반 노래는 우리의 기쁨이나 슬픔을 표현하지만

찬송은 하나님께 감사와 영광을 돌리는 노래란다.

감사와 영광...?

목사님, 저는요.. 하나님께 무엇을 감사해야 할지 모르겠어요...

맞아! 우리는 감사를 잘 모르고 살지!
목사님...
쩝~

저는 왜 감사가 안 나올까요?
하나님이 하신 일을 모르기 때문이야.

그럼~! 저에게 하나님이 하신 일을 알려주세요.
까닥

그래. 알고 나면 감사와 찬양이 저절로 나올걸!

찬송해야 할 이유?

먼저 알아야
할 것은...
맥도리아
할인행사

예수님이
하신 일이
하나님이 하신
일이라는
거야!

왜 예수님이 하신 일이
하나님의 일이 되죠?
?
띠
옹

예수님이 곧
하나님이시잖니.

짜
잔

＝

하
나
님

아~!
사람의 몸을
입고 오신
하나님...

예 수

방긋...

지난주 말씀을
잘 기억하고
있구나.

흠흠....
그래서...
예수님이 하신 일이
곧 하나님이 하신
일이랍니다~!
사랑

급선
깔 깔 깔
아유~ 박사님
나오셨습니까!

자~ 그럼! 예수님이
하신 일을 통해서
하나님을 찬송할
이유를 알아보자.

켁

예수님은 크게 3가지의 일을 하셨어.

첫째가 성육신이야.

내.. 밥통...

예수

사람의 몸을 입고 오셨다는 뜻이지.

에덴

아담이 범죄한 이후로 모든 인간은 영적 기능을 잃어버렸어.

흑흑

그래서 영이신 하나님을 모른 채 우상 숭배에 빠져버렸지.

이런 우리의 형편을 아시고 하나님께서 육신을 입고 이 땅에 오신 거야.

성육신은 하나님을 만나는 길이 열린 은혜의 사건이야.

나로 말미암지 않고는 아버지께로 올 자가 없느니라
(요14:6).

둘째는 십자가 사건이지.
성경을 보면 죄의 삯은 사망이라고 해 (롬6:23).
활
활
그래서 모든 사람은 죽어서 영원한 사망인 지옥에 가게 돼.
JESUS
이제 누구든지 예수님을 믿으면 죄와 지옥형벌을 벗게 돼
그 아들 예수의 피가 우리를 모든 죄에서 깨끗하게 하실 것이요 (요일1:7).
우리 죄를 해결하기 위해 의로우신 예수님이 대신 죽으셨어.

셋째는 부활 사건이야.
예수님은 우리 죄를 위해 죽으셨지만
예언하신 말씀대로 3일 만에 부활하셨어.
뻘
렁
왜냐구? 사망의 세력 사단을 꺾으시고
파
파
악…
우리 삶에 영원히 함께 하시기 위해서야.
그가 죽은 자 가운데서 살아나셨고 너희보다 먼저 갈릴리로 가시나니 거기서 너희가 뵈오리라 (마28:7).

우왕‥짱 멋져!
우~왜!
예수님은 정말
놀라운 일을
하셨네요.
두근‥‥두근

십자가에
죽으심으로
지옥에 갈…

우리의 죄를 끝내셨으니
얼마나 감사하니?
땡큐God ‥
죄

맞아요!
제게 천국을
선물로 주셨어요.
척

부활로
사단을 이기시고
이럴수가
뻥

지금도
우리를 지키시니
그 또한 감사하지.
수호천사
사탄 덤벼!!

정말~
감사해요!
갑자기~
예수님을 찬양하고
싶네요!

거봐~
내가 뭐랬어!
찡긋
악: 턱빠졌어

이유를 알면 찬양하게 된다니까!
척

"예수~! 놀라운 이름 아름다우신
영광의 주~!

할렐루야....

찬양하는 찬미의 모습... 정말 행복해 보인다.

이제야~ 찬양을 좀 알 것 같아요~.
빙긋

찬미야.
하나님께서
우리를 왜
지으신 줄 아니?
글쎄요?
서로 사랑하고
하나님 잘 섬기고...??
맥도리아
치킨

"이 백성은 내가
나를 위하여 지었나니
나의 찬송을 부르게
하려 함이니라."
(이사야 43:21)

예수님을
찬양하기 위해서
우리를 지으신
거예요?
띠옹
?

그렇지!
이런 말씀도
있단다.
"호흡이 있는 자마다
여호와를 찬양할지어다
할렐루야." (시편150:6)

우와! 그럼 우리가
해야 할 일이
찬송이군요!
콜라 여기필!
그렇단다.

그런데
왜 우리를
찬송하게 하신 줄
아니?

갸웃
?
그 말씀은
무슨 특별한
뜻이..

녀석~!
눈치 한 번
빠르구나!

왜 찬송하게
하셨는데요?
히죽

찬송할 때
일어나는 일이
있단다.
씨익
찬송하면 무슨 일이
생기는 건데요?

보이지 않지만
영적 배경이
움직인단다.
영적 배경?
그게 뭔데요?

자, 성경을
보면서 알려줄게.

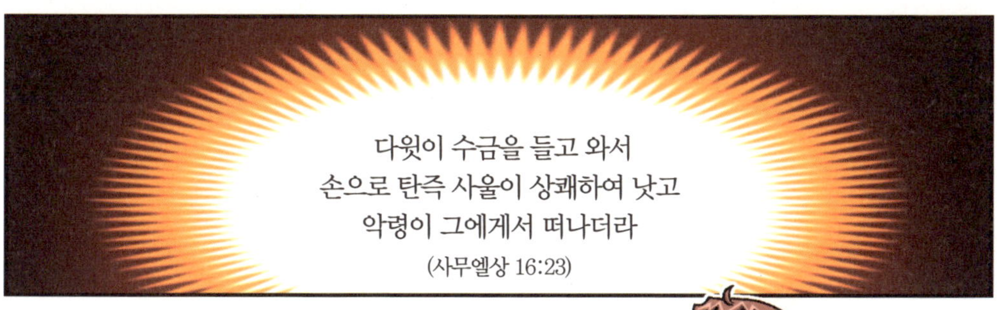

다윗이 수금을 들고 와서
손으로 탄즉 사울이 상쾌하여 낫고
악령이 그에게서 떠나더라
(사무엘상 16:23)

여기서 수금을
탔다는 것은
찬양을 했다는 거야.
그랬더니..
띠링~

우와~ 악령이
떠나갔네요!
그만…그만….

띵~
어떻게
이런 일이...
그게 바로
찬양의 능력이야.

찬송할 때
성령님이
일하시니
척

사탄이
쫓겨나는
거야.
헐~

찬송을 부르는데
왜 성령님이
일하셔요?
쌍?
하나님 이름을 부르는데
그럼 누가 찾아오겠니?
멍청하긴····

어, 그렇네요!
부모님을 닮아서····
자식 맞아
찬미 부모님

예수님 이름에는 반드시 성령께서 역사하신단다. 그뿐만이 아니야.
Jesus
예수
성령

또 무슨 일이 일어나는데요?

역대하 20장을 보면 유다 왕국에 모압과 암몬의 군대가 쳐들어와서 위급한 때에...

온 백성이 여호와 앞에 모여 기도하고 찬송을 불렀더니

천사들이 와서 그들을 다 멸해서 이긴 일이 나와.

찬송하면 천사도 찾아온다고요?

그렇지, 하나님이 우리를 보호하시려고 하늘군대를 보내신단다.
우
우

그럼 또 다른 일은 없나요?
사도행전 16장을 보면 바울과 실라가 빌립보에서 복음을 전하다가...

오해가 생겨 감옥에 들어갔는데
아…왜?

그 곳에서 기도하고 찬송을 드렸더니
주님~

감옥터가 흔들려서
문이 열리고
쇠사슬이 풀렸어.
쾅
착고가
풀렸다!

찬송에
지진이 나고
감옥문이...

우리가
찬송할 때
사단에게 잡힌
모든 것들에서
풀려난단다!!!

씨익
정말 찬송에는
능력이
있네요.

능력의 왕이신
예수님의 이름을
높이기 때문이야.

예수 이름 찬~양!
예수 이름 찬~양!
내 반석 나의 산성
나의 구원자
주 의지하리.

"예수
이름
찬~양!"

목사님, 이제부터
정말 찬양하는
자녀가 될래요.

그래~!
기왕이면
화니 크로스비처럼
예수님을 찬양하는
찬송시를...
지어보렴~.
까딱

8,000 가지의 찬송시를 쓰신 분이야.
그분이 누군데요?
우리나라 찬송가에도 무려 22곡이나 실려 있어.

우와~! 저도 화니 크로스비를 알고 싶어요???

그럼! 이 책의 다음 페이지를 넘겨보렴.

감사합니다. 목사님!
화니 크로스비

What is

알 수 없는 허전함에서 찬송할 이유를 찾은 시인

화니 크로스비

(Fanny Crosby) 1820-1915

이지영 글 / 김도형 그림

화니는 어릴 적부터 빛만 간신히 구분하는 시각장애인이었어요. 빛 외에는 캄캄한 어두움만 보였어요. 태어난 지 6주 만에 눈병에 걸린 화니는 엉터리 의사의 잘못된 처방으로 눈이 멀고 말았어요.

불행은 그뿐만이 아니었어요. 아버지는 일찍 돌아가셨고 흑인 집안이었기에, 화니의 가정은 경제적으로나 사회적으로도 매우 어려웠어요.

하지만 화니는 항상 활달하고 장난기 많은 소녀로 자랐답니다. 물론 속으로는 항상 기분이 안 좋고 우울했지만 말이죠.

어느 덧, 학교 갈 나이가 되었지만 화니가 다닐 수 있는 학교는 한 곳도 없었어요. 아직 맹인을 위한 복지시설이나 점자가 없었던 때라 읽지 못하는 화니를 받아줄 만한 곳이 없었어요. 다행스러운 것은 할머니의 도움으로 집에서 성경을 암송할 수 있었다는 거예요. 화니는 성경의 거의 모든 구절을 다 암송하고 있었어요. 정말 대단한 암기력이죠.

하지만 화니의 소원은 학교에 가서 글을 배우는 것이었어요. 그래서 늘 하나님께 이렇게 기도했어요.

"하나님 아버지, 이 기도를 듣는데 지치셨겠지만 다시 한번 기도드려요. 어떻게든 글을 읽고 쓰는 법을 배울 수 있도록 저를 학교에 보내주세요. 하나님께는 불가능한 것이 아무것도 없잖아요. 그러니 저도 다른 아이들처럼 배울 수 있게 해주세요. 예수님 이름으로 기도합니다. 아멘."

드디어 학교를 가게 되다

그녀는 학교에 다니게 해 달라고 계속해서 하나님께 기도했지만 점점 확신을 잃어가고 있었어요.

화니는 이제 열 네 살이었고, 친구들은 모두 8학년(중학교 2학년)이 되었어요. 하지만 화니는 아직 읽을 줄도 쓸 줄도 몰랐어요. 사람들은 화니가 아름다운 시를 잘 짓는다고 말하지만, 누군가가 받아 적어 주지 않는 한 그녀의 시는 마음속에만 남아 있었어요.

그러던 어느 날이었어요.

어머니가 읽으시더니 갑자기 소리치셨어요.

"화니야, 뉴욕에 있는 학교의 입학 허가서다. 네가 이 학교에 들어와도 좋다고 하는구나."

"뉴욕의 있는 학교… 정말요?"

"그래, 뉴욕 맹인 학교란다. 3년 전에 개교를 했는데, 너와 같은 아이들만을 가르친다는구나."

"그러면 글자를 읽을 수 있게 되나요?"

"당연하지!"

화니의 가슴이 마구 뛰었어요. "하나님, 감사해요. 제 기도에 응답해 주실 줄 미처 몰랐어요."

집에서 멀리 떨어진 뉴욕은 모든 것이 낯설었고, 엄마와 고향 집이 그리웠지만, 화니는 자신이 좋아하는 시를 쓰기 위해 모든 어려움을 견뎌냈어요.

몇 년이란 시간이 지나면서 화니는 학교에서 두 가지로 유명한 학생이 되었어요.

하나는 소문날 정도로 짓궂은 장난기였고, 또 하나는 아름다운 시를 짓는 뛰어난 솜씨였어요.

화니는 선생님들을 골탕 먹이는 장난을 몹시도 즐겨했어요.

그녀의 그런 대담성과 짓궂음이 학생들에게는 영웅처럼 보였거든요.

또한 학교의 각종 기념행사가 있을 때면 대표로 나가서 시를
낭송했어요. 그녀의 시는 장난기와는 정반대로 선생님들과 학생
들에게 아름다움과 감동을 주었지요.

화니는 멋진 장난을 쳤을 때나 아름다운 시로 칭찬을 들을 때
면 자기도 모르게 우쭐했어요.

하지만 이상하게도 마음속에는 왠지 모를 허전함이 늘 있었어
요. 어쩌면 화니는 그 허전함을 잊기 위해 더 그렇게 장난을 치
고 시를 지었는지도 몰라요.

새로운 빛을 만나다

어느 덧, 화니는 30살이 되었어요. 뉴욕에 온지도 15년이나 되었지요. 그동안 과학과 문명이 발달한 것처럼 화니에게도 많은 발전과 성장이 있었어요.

열심히 공부를 마친 화니는 3년 전부터 아이들을 가르치는 선생님으로 일했어요. 자신이 졸업한 맹인학교에서 가르쳤기에 누구보다도 학생들의 마음을 잘 알고 있었지요.

두려움과 낙심에 잡혀있는 아이들에게 용기를 주며 배움의 즐거움을 알려주었어요. 그녀는 얼마 지나지 않아 학교에서 최고로 인기 있는 선생님이 되었어요.

또한 갈고 닦은 실력으로 인해 그녀의 시는 신문에도 실리고 책으로도 나왔어요. 그리고 유명한 작곡가가 지은 곡에 아름다운 가사를 써주었는데, 그 노래는 전 국민이 따라 부를 정도로 인기가 있었어요. 그 일로 많은 돈을 벌었지요.

이제 화니는 선생님으로서, 그리고 시인으로서 미국과 유럽 전역에 유명 인사가 되었어요.

그렇게 바라던 소원이 다 이루어진 거예요.

하지만 이상했어요. 그렇게 원하던 일을 하고 성공도 했지만 화니의 마음은 여전히 허전했어요. 뭔가에 늘 목마르고 배고팠어요.

성공을 하면 할수록 더 그랬어요. 정말 이상한 일이죠?

화니는 그 허전함을 채우기 위해 하나님께 기도하며 예배를 드렸어요. 그러던 어느 날, 친구들과 함께 부흥회에 참석하게 되었어요. 찬송을 부르며 기도를 드렸지만 허전한 마음은 가시지 않았어요.

목사님의 설교가 시작되었어요.

"무엇이 죄입니까? 하나님과 함께 해야 할 인간이 하나님 떠난 것이 죄입니다. 아담이 선악과를 먹음으로 하나님을 떠나는 선택을 한 것이 죄입니다. 하나님을 떠난 순간 인간은 마귀에게 사로잡힌 죄인이 되었습니다. 이 죄와 사단에게서 벗어날 수 있는 사람은 아무도 없습니다. 그 죄 값이 무엇입니까? 사망입

니다. 그래서 모든 사람은 죽게 되며 영원한 지옥의 심판을 받
게 됩니다. 하나님은 이런 우리를 죄와 심판에서 건지려고 아들
을 보내셨습니다. 예수님은 십자가에서 피 흘려 죽으심으로 우
리의 죄 값을 다 치르셨습니다. 또한 예수님은 부활하사 우리를
잡고 있는 사단의 사망권세를 깨뜨리셨습니다. 여러분은 죄 값
을 자신의 죽음과 지옥형벌로 치르겠습니까? 아니면 예수님의
죽음으로 치르겠습니까? 이 시간 예수님의 죽음이 나의 죄 값
을 끝내는 내 죽음이 될 수 있습니다. 이 하나님의 계획을 받아
들이실 분은 앞으로 나와 영접하십시오."

화니는 이런 설교를 지난 수년간 들어왔기에 잘 알고 있었어요.
하지만 강력한 복음의 말씀에 화니는 앞으로 나갔어요.

그 때 그녀의 뒤에서 사람들이 찬송을 불렀어요.

"십자가, 십자가 내가 처음 볼 때에 나의 맘에 큰 고통 사라져. 오늘 믿고서 내 눈 밝았네. 참 내 기쁨 영원하도다."(찬송가 151장).

찬송을 따라 부르던 화니는 순간 깜짝 놀랐어요.

자기 마음속에 항상 허전함과 고통이 있는 이유를 발견했기 때문이에요. 어려서부터 다른 사람의 도움 받는 것을 무척이나 싫어했던 화니는 하나님의 은혜와 구원도 자기의 힘과 노력으로 받으려 했어요.

하지만 아무리 애를 써도 화니는 자기 자신을 구원할 수 없음을 깨달았어요.

예수님의 십자가만이 하나님을 떠나 사단에게 잡힌 자신의 죄를 끝낼 수 있음을 발견했어요.

결국 화니는 예수님을 자신의 죄 문제를 해결하신 주인으로 영접했어요.

순간 화니의 마음속에 눈으로는 볼 수
없을 만큼 밝은 빛이 밀려들어왔어요.
그녀의 일생에서 가장 기쁜 날이었어요.
그녀가 거듭난 구원의 날이었거든요.
그날 이후로 화니의 가슴 속에 있던 허전함의
자리는 점점 예수님 한분으로 가득 채워졌어요.

화니는 구원을 얻은 이후, 95세까지 살면서 8000개가 넘는 찬송시를 지었어요.

그 가운데 많은 곡들이 지금까지 불려지고 있어요. 우리나라 찬송가에도 23곡이나 있어요.

'예수를 나의 구주 삼고'(288장), '예수께로 가면'(565장), '인애하신 구세주여'(279장), '나의 갈 길 다 가도록'(384장), '오 놀라운 구세주'(391장), '나의 영원하신 기업'(435장) 등이 그 대표곡들이에요.

아마 어린이 여러분들도 들어보면 다 아는 곡들일 거예요. 화니 크로스비는 한결같이 예수님의 십자가와 구원을 찬양하는 시를 지었어요.

그리고 그녀는 90세 가깝도록 전도 집회를 다니며 수많은 사람에게 복음을 전했어요.

찬송가를 통해 그녀가 복음을 깨달았던 것처럼, 그녀의 찬송가를 통해 수많은 사람들이 지금도 복음을 받아들이고 있답니다.

화니 크로스비는 그녀가 제일 좋아했던 찬송시처럼 95세에 예수님의 품에 안겼답니다.

주예수 넓은 품에 (476장)

주 예수 넓은 품에 나 편히 안겨서
그 크신 사랑안에 나 편히 쉬겠네

영광의 들을 넘고 저 푸른 바다 넘어
천사의 노래 소리 내 귀에 들리네

주 예수 넓은 품에 나 편히 안겨서
그 크신 사랑안에 나 편히 쉬겠네

함께 생각해 봐요

화니는 어릴 적부터 그 무엇으로도 채워지지 않는 허전함이
있었어요. 그렇게 바라던 학교를 다니게 되었고, 훌륭한 선생
님이 되었고, 시인의 꿈을 이루는 성공도 거뒀어요. 하지만 이상하게도
행복하지 않았어요.

여러분도 화니처럼 마음이 허전할 때가 있진 않나요?

우리는 이럴 때 심심하다고 생각하여 TV를 보거나
게임을 하거나 친구들과 노는 것으로 마음을 달래려고 하죠.
하지만 실컷 놀았다고 마음이 만족스럽던가요? 아니죠?
다시 허전하고 심심해져서 더 TV를 보고 더 게임에 빠지게 돼요.
그러다 보면 나도 모르게 중독이 되고 아무 것도 못하게 됩니다.

왜 사람은 즐거운 일을 해도 마음이 허전할까요?

모든 사람은 다른 동물에게 없는 영혼이 있기 때문이에요.
그 속에는 하나님이 계셔야 할 자리가 있어요.
그래서 사람은 자기 안에 영이신
하나님이 함께 하셔야 행복하답니다.
그런데 아담 후손으로 태어난 모든 사람은

불행하게도 하나님이 계셔야 할 자리가 비어 있어요.
그 이유는 아담이 마귀에게 속아 하나님 말씀을
떠난 순간 마귀에게 잡혔기 때문이에요.
그때부터 모든 사람은 착하게 살고
성공을 해도 항상 허전하고
행복이 없는 거예요.
마치 신나게 놀아도
엄마가 없으면 허전하고
외로운 것처럼 말이죠.

그래서 우리는 화니처럼 예수님을 영접해야 해요.

"볼찌어다 내가 문밖에 서서 두드리노니 누구든지 내 음성을 듣고 문을 열면
내가 그에게로 들어가 그로 더불어 먹고 그는 나로 더불어 먹으리라."

(요한계시록3:20)

예수님을 모시면 사단은 쫓겨나고,
성령 하나님이 빈자리의 주인이 되어주셔요.
그게 구원이에요. 이 구원의 기쁨을 얻은 화니는
평생 예수님을 찬양했어요.

우리가 찬양할 때 마음을 속이는 마귀는 물러가고

천사의 도움으로 중독되어 있던 일에서 자유케 됩니다.
그게 예수 이름을 찬양하는 사람이 받는 축복입니다.

혹시 지금 마음이 허전한가요?

예수님을 주인으로 영접하세요.
그리고 화니처럼 날마다
예수님을 찬양하는 기쁨을 누리세요!

하나님 감사합니다.
사람은 하나님이 함께 하실 때
행복한 존재라는 것을 알게 하셔서 감사합니다.

사실 제 마음은 화니처럼 즐겁고 신나다가도
허전하고 우울해져요.
스마트폰으로 게임을 해도,
엄마가 맛있는 간식을 해주셔도
그냥 힘들고 별로예요.

예수님, 이런 저의 빈 마음에 주인으로 와주세요.
제 마음을 속이고 묶이게 하는 사단을 내쫓아주세요.
예수님의 은혜를 기쁨으로 찬양하길 원해요.

하나님이 함께 하시기로 약속하신
예수님의 이름으로 기도 드립니다. 아멘.

Story plus

에피소드 no. 1

주 안에 있는 나에게

이지영 글 / 이준희 그림 / 이인영 컬러

히윗은 청소부의 말은 듣고 큰 감동을 받았습니다. 육체의 아픔과 학생에 대한 원망은 하나님께 찬양으로 바뀌었습니다. 그래서 작사된 곡이 찬송가 370장입니다.

제목: 주 안에 있는 나에게

1. 주안에 있는 나에게 딴 근심 있으랴
십자가 밑에 나아가 내 짐을 풀었네
그 두려움이 변하여 내 기도 되었고

2. 그 날의 한숨 변하여 내 노래 되었네
내 주는 자비 하셔서 늘 함께 계시고

3. 내 궁핍함을 아시고 늘 채워 주시네
내 주와 맺은 언약은 영 불변하시니

4. 내 주와 맺은 언약은 영 불변하시니
그 나라 가기 까지는 늘 보호하시네

(후렴) 주님을 찬송하면서 할렐루야 할렐루야
내 앞 길 멀고 험해도 나 주님 만 따라

〈끝〉

What is 찬송이 뭐예요?
찬송의 여왕 화니 크로스비

초판발행 2014년 09월 18일 | 글쓴이 이지영 | 그린이 이준희 | 펴낸이 이재승, 황성연 | 펴낸곳 하늘기획
주소 서울특별시 중랑구 상봉136-1 성신빌딩 지하 | 등록번호 제306-2008-17호 (2008)
ISBN 978-89-92320-44-3 03230 | 총판 하늘물류센타
전화 031-947-7777 | 팩스 0505-365-0691

찬송할 때 무슨 일이 일어나는가?

드디어 학교를 가게 되다

  그녀는 학교에 다니게 해 달라고 계속해서 하나님께 기도했지만 점점 확신을 잃어가고 있었어요.

  화니는 이제 열 네 살이었고, 친구들은 모두 8학년(중학교 2학년)이 되었어요. 하지만 화니는 아직 읽을 줄도 쓸 줄도 몰랐어요. 사람들은 화니가 아름다운 시를 잘 짓는다고 말하지만, 누군가가 받아 적어 주지 않는 한 그녀의 시는 마음속에만 남아 있었어요.

  그러던 어느 날이었어요.

화니에게
한 통의 편지가 날아왔어요.

44

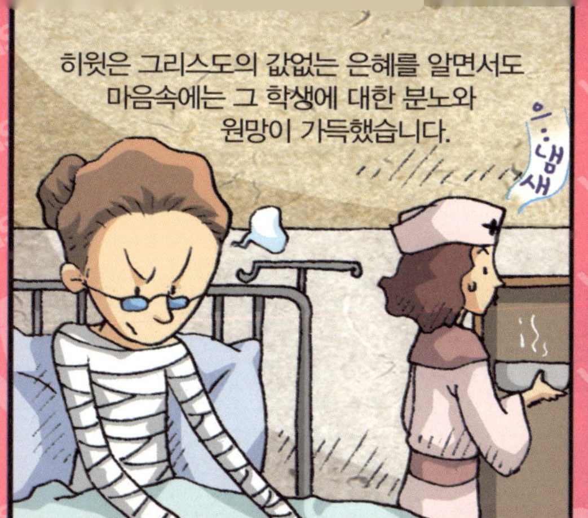

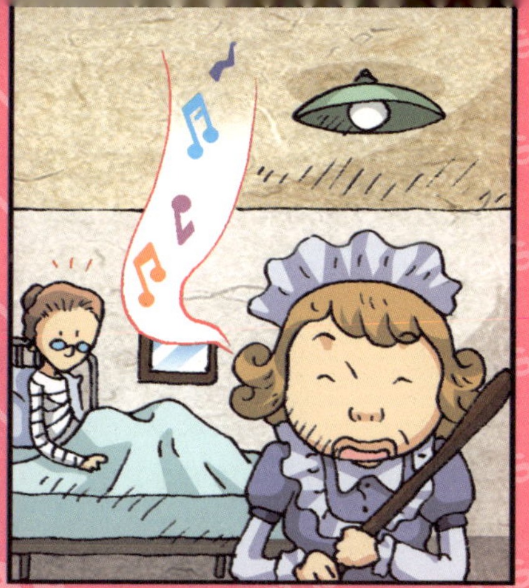

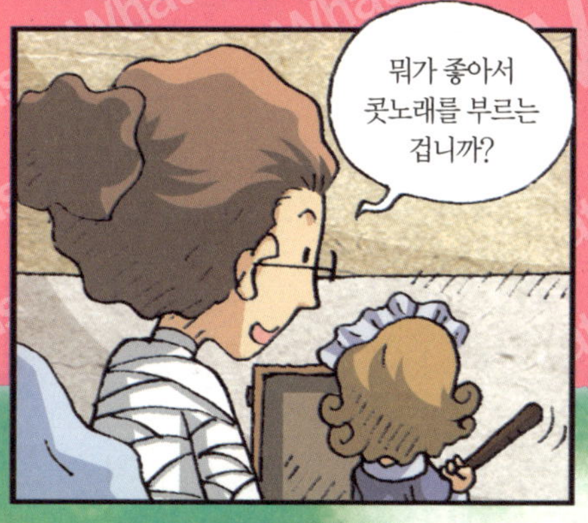

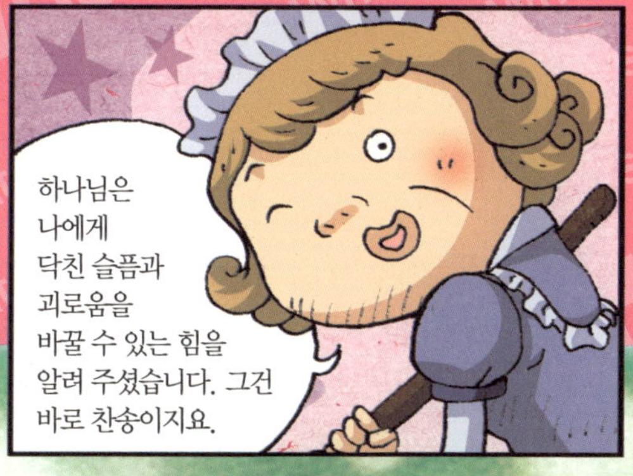

히윗은 청소부의 말은 듣고 큰 감동을 받았습니다. 육체의 아픔과 학생에 대한 원망은 하나님께 찬양으로 바뀌었습니다. 그래서 작사된 곡이 찬송가 370장입니다.

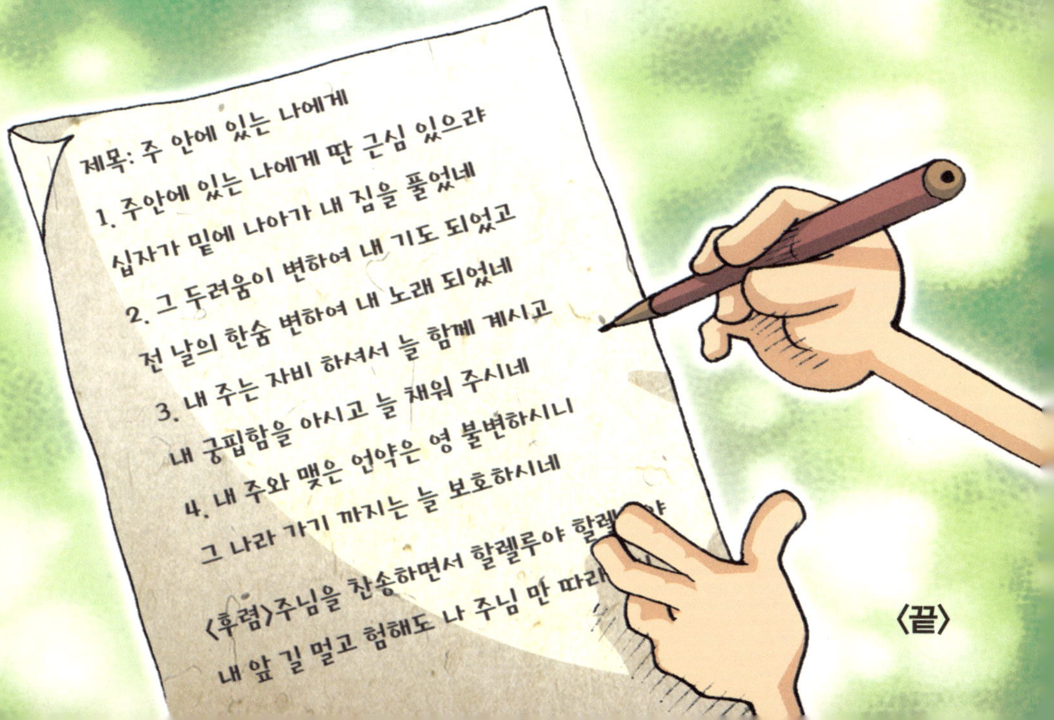

제목: 주 안에 있는 나에게

1. 주안에 있는 나에게 딴 근심 있으랴
   십자가 밑에 나아가 내 짐을 풀었네
   그 두려움이 변하여 내 기도 되었고
2. 전 날의 한숨 변하여 내 노래 되었네
   내 주는 자비 하서서 늘 함께 게시고
3. 내 주는 자비 하시고 늘 채워 주시네
   내 궁핍함을 아시고 늘 채워 주시네
   내 주와 맺은 언약은 영 불변하시니
4. 내 주와 맺은 언약은 영 불변하시니
   그 나라 가기 까지는 늘 보호하시네

(후렴) 주님을 찬송하면서 할렐루야 할렐루야
   내 앞 길 멀고 험해도 나 주님 만 따라

〈끝〉